COMMENT DESSINER

NOËL

COMMENT DESSINER:
LE PÈRE NOËL

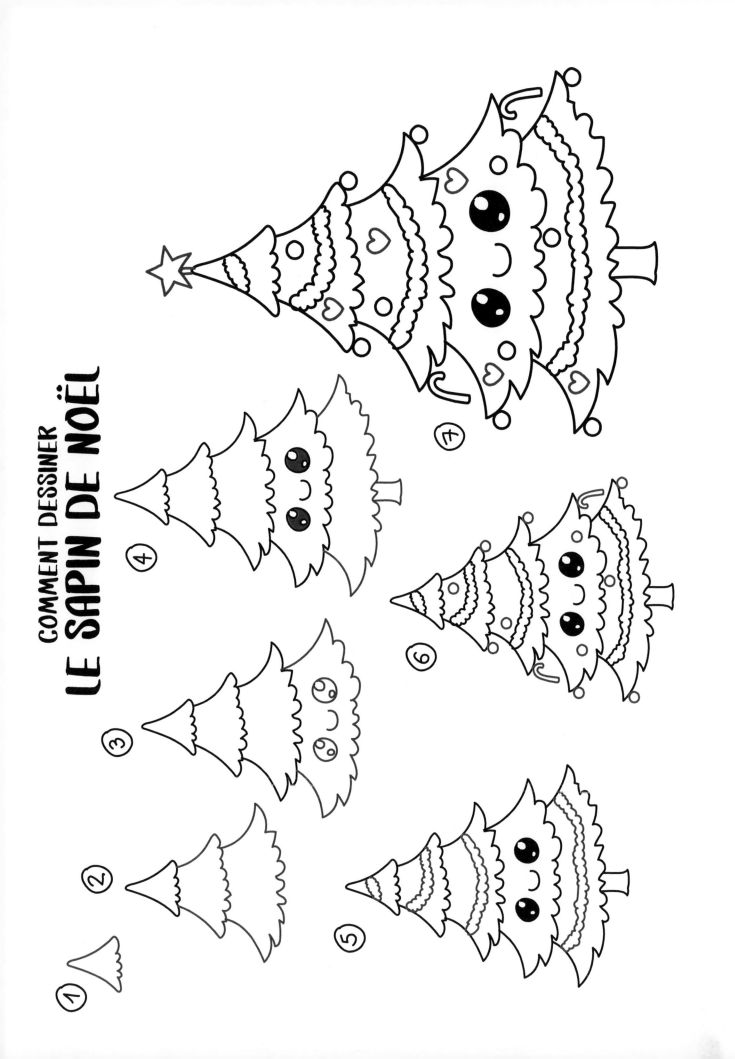

COMMENT DESSINER
LE SAPIN DE NOËL

COMMENT DESSINER
UN BONHOMME DE NEIGE

① ② ③ ④ ⑤ ⑥ ⑦

COMMENT DESSINER
LA HOTTE DU PÈRE NOËL

COMMENT DESSINER
UN RENNE

COMMENT DESSINER
LE TRAINEAU DU PÈRE NOËL

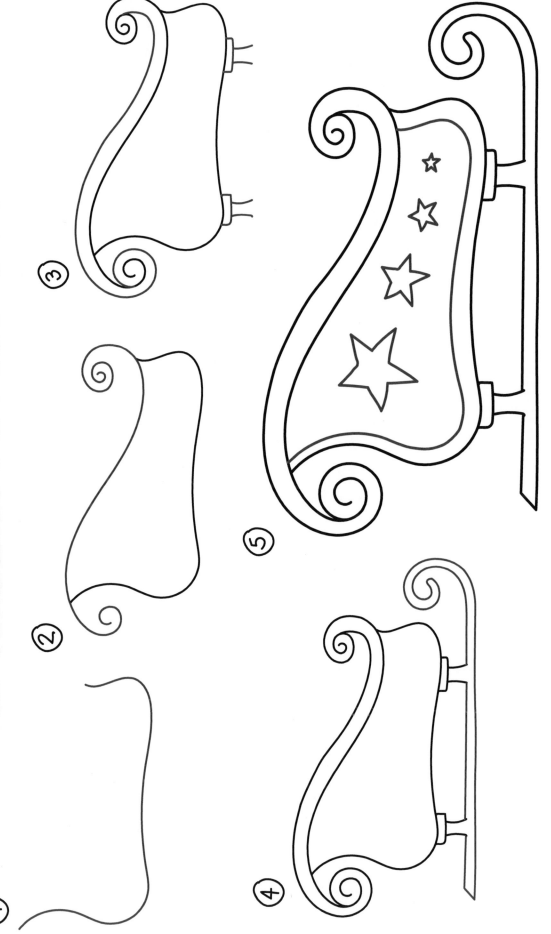

COMMENT DESSINER
UNE CHEMINÉE DE NOËL

UN SUCRE D'ORGE

UN FLOCON DE NEIGE

④

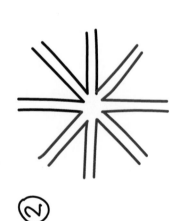

②

③

①

COMMENT DESSINER
LA BÛCHE

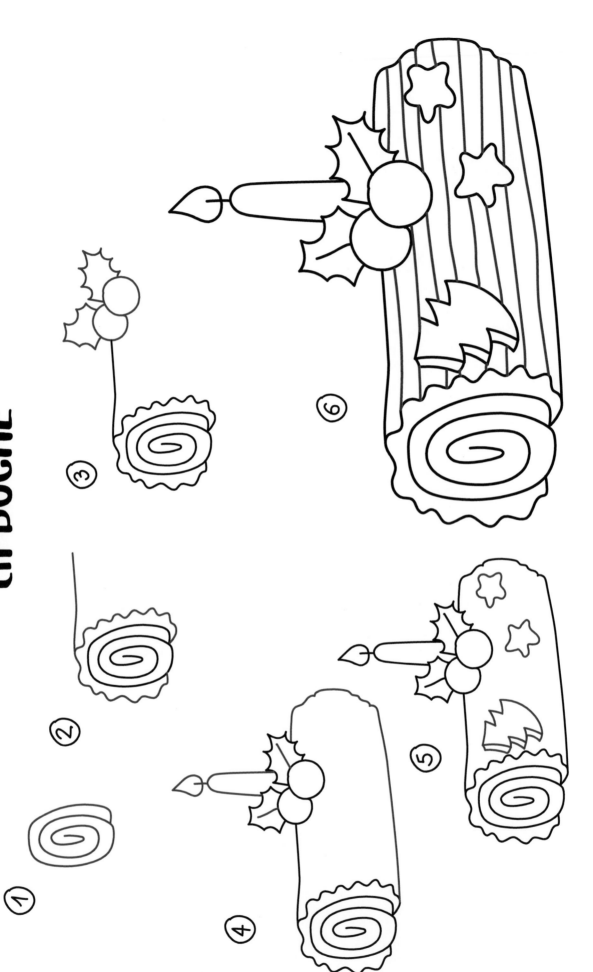

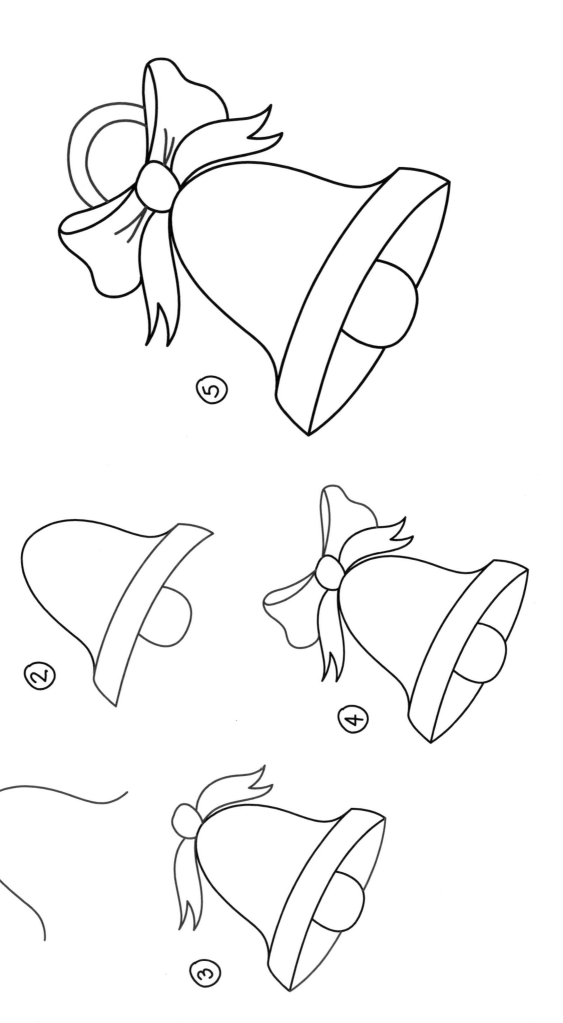

① ② ③ ④ ⑤

COMMENT DESSINER
UNE GUIRLANDE

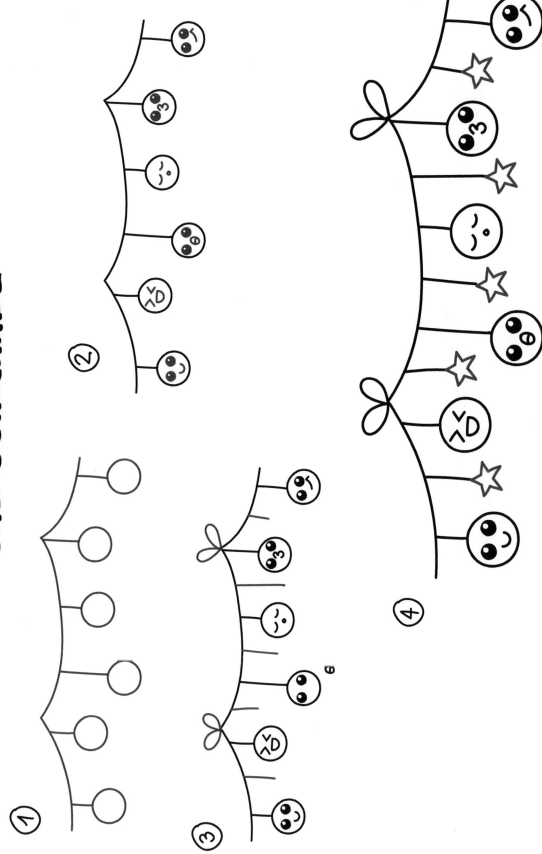

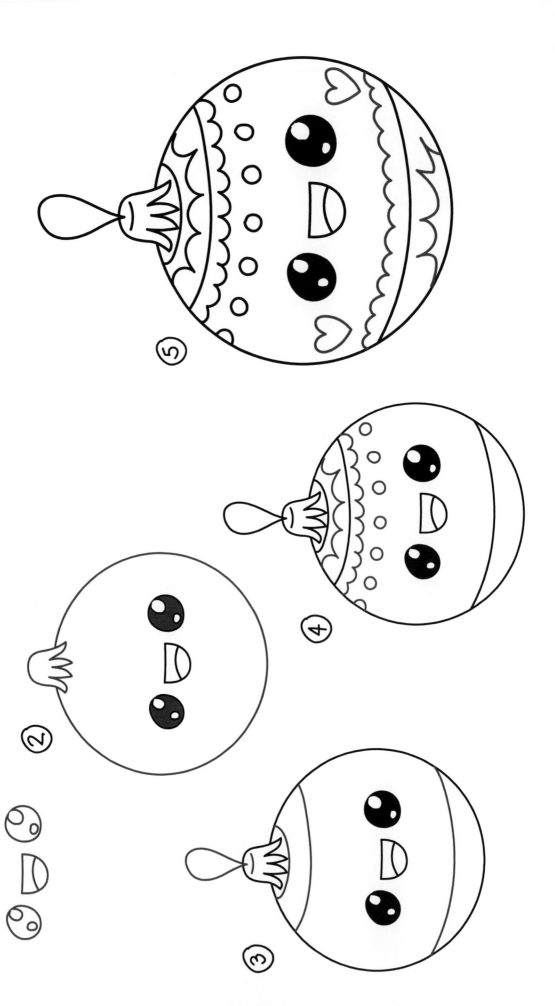

COMMENT DESSINER
UN CADEAU

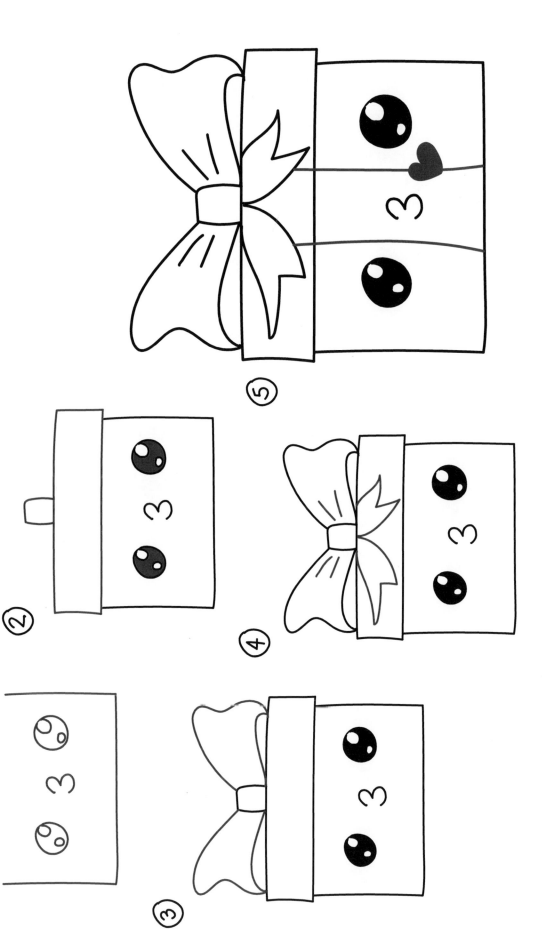

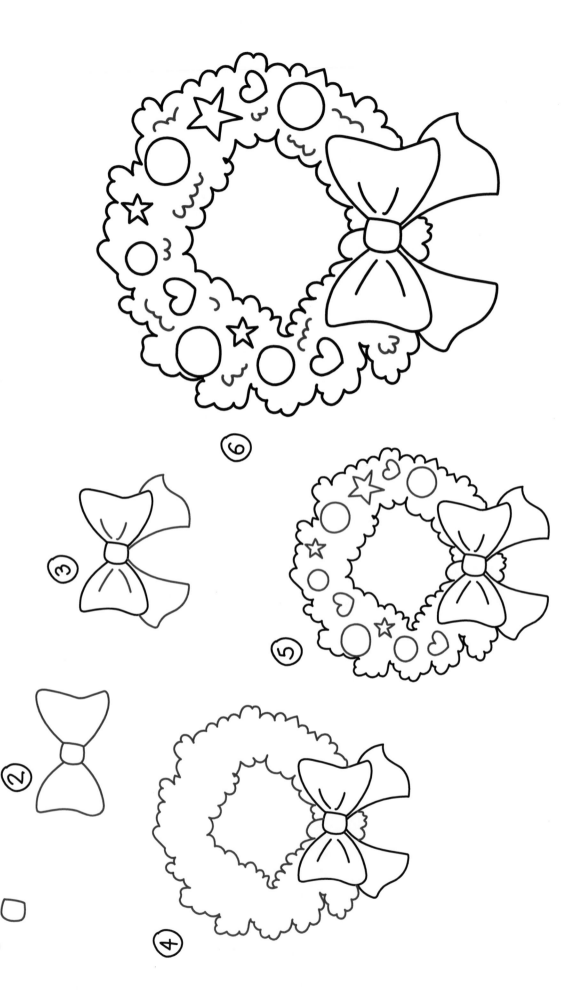

COMMENT DESSINER
UNE BOTTE DE NOËL

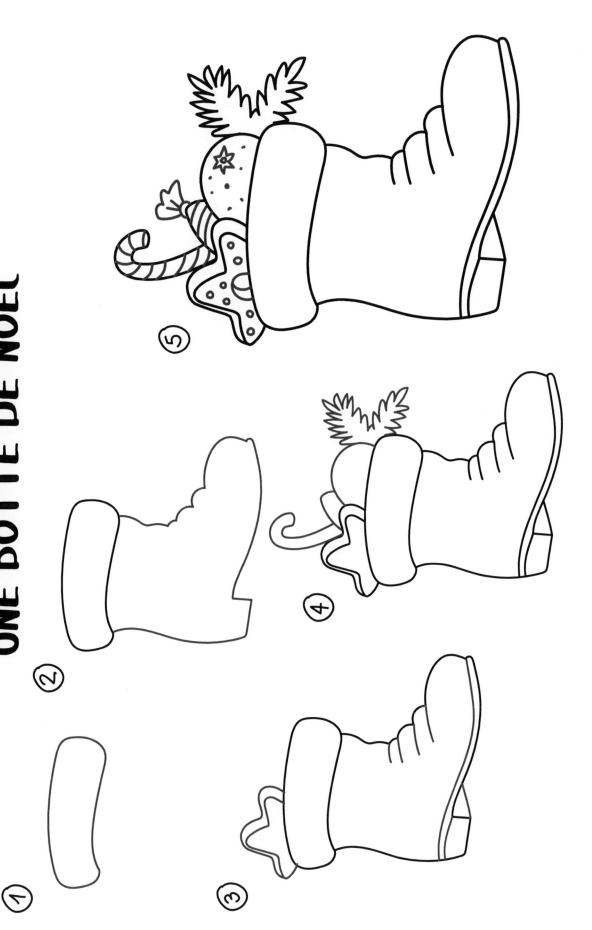

COMMENT DESSINER
LA CRÈCHE

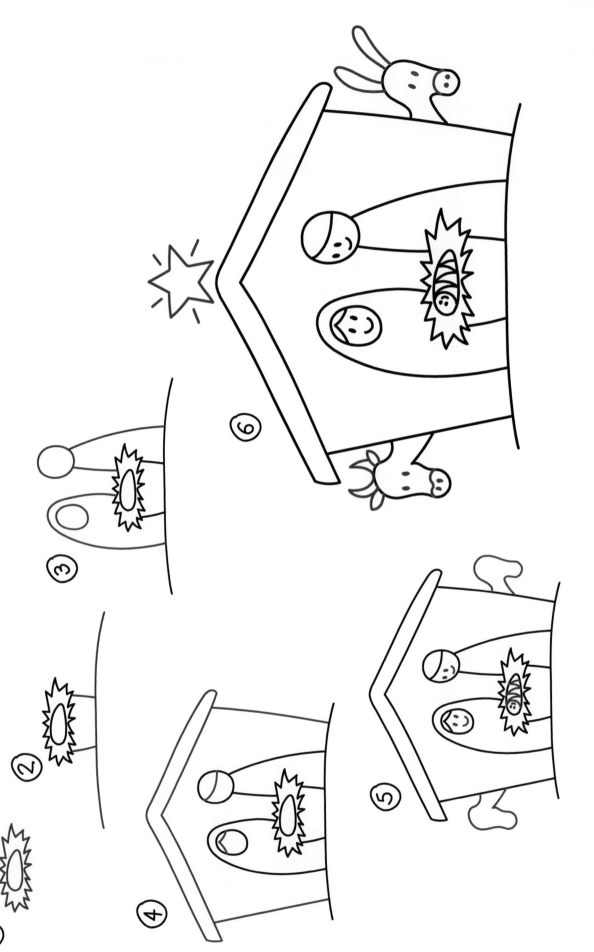

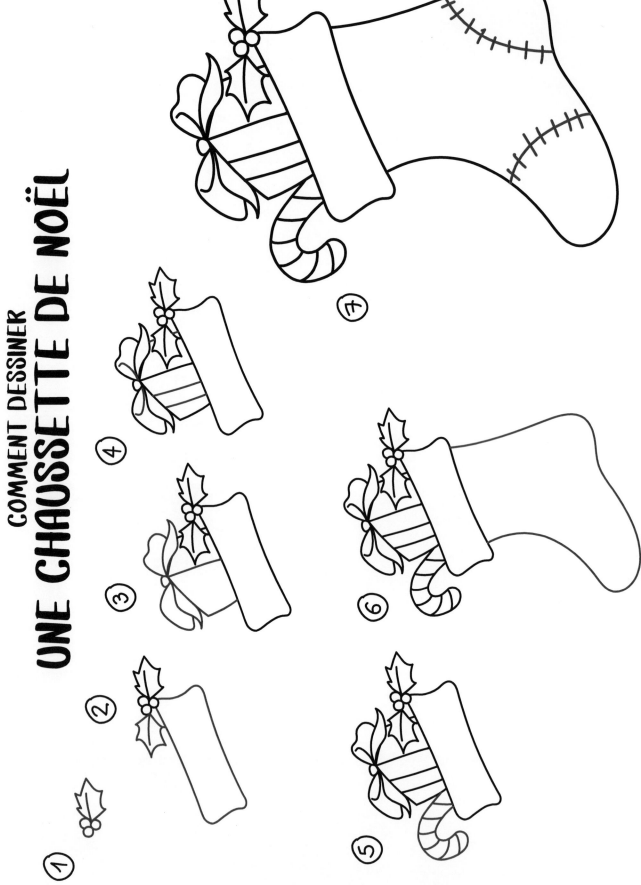

Plus d'activités sur **www.dessinpourenfant.com**

Printed by Amazon Italia Logistica S.r.l.
Torrazza Piemonte (TO), Italy

54429027R00016